BEI GRIN MACHT SICH IHR WISSEN BEZAHLT

- Wir veröffentlichen Ihre Hausarbeit, Bachelor- und Masterarbeit

- Ihr eigenes eBook und Buch - weltweit in allen wichtigen Shops

- Verdienen Sie an jedem Verkauf

Jetzt bei www.GRIN.com hochladen und kostenlos publizieren

Bibliografische Information der Deutschen Nationalbibliothek:

Die Deutsche Bibliothek verzeichnet diese Publikation in der Deutschen Nationalbibliografie; detaillierte bibliografische Daten sind im Internet über http://dnb.␣dnb.de/ abrufbar.

Dieses Werk sowie alle darin enthaltenen einzelnen Beiträge und Abbildungen sind urheberrechtlich geschützt. Jede Verwertung, die nicht ausdrücklich vom Urheberrechtsschutz zugelassen ist, bedarf der vorherigen Zustimmung des Verlages. Das gilt insbesondere für Vervielfältigungen, Bearbeitungen, Übersetzungen, Mikroverfilmungen, Auswertungen durch Datenbanken und für die Einspeicherung und Verarbeitung in elektronische Systeme. Alle Rechte, auch die des auszugsweisen Nachdrucks, der fotomechanischen Wiedergabe (einschließlich Mikrokopie) sowie der Auswertung durch Datenbanken oder ähnliche Einrichtungen, vorbehalten.

Impressum:

Copyright © 2017 GRIN Verlag
Druck und Bindung: Books on Demand GmbH, Norderstedt Germany
ISBN: 9783668786332

Dieses Buch bei GRIN:

https://www.grin.com/document/438725

Jannik Mohns

Marktanalyse und Marketingplanung für die Eröffnung eines Mikrostudio mit der Positionierung "Functional Training"

GRIN Verlag

GRIN - Your knowledge has value

Der GRIN Verlag publiziert seit 1998 wissenschaftliche Arbeiten von Studenten, Hochschullehrern und anderen Akademikern als eBook und gedrucktes Buch. Die Verlagswebsite www.grin.com ist die ideale Plattform zur Veröffentlichung von Hausarbeiten, Abschlussarbeiten, wissenschaftlichen Aufsätzen, Dissertationen und Fachbüchern.

Besuchen Sie uns im Internet:

http://www.grin.com/

http://www.facebook.com/grincom

http://www.twitter.com/grin_com

Inhaltsverzeichnis

1	**MARKTBESCHREIBUNG/ -ANALYSE**	**2**
1.1	Allgemeine Informationen über den Unternehmenstyp	2
1.2	Lage und Standort des Unternehmens	2
1.3	Bestimmung der Marktgebiete	3
1.4	Makroumfeldanalyse und Abschätzung des Marktpotenzials	4
1.5	Wettbewerbsanalyse	7
2	**MARKETINGPLANUNG**	**8**
2.1	Budgetplanung	8
2.2	Kommunikationspolitik	8
2.3	Werbeplanung	9
2.4	Kostenkalkulation/ Budgetvergleich bei der Werbeplanung	10
2.5	Synergieeffekte im Rahmen der Kommunikationspolitik	11
3	**ABSCHLUSSSTATEMENT**	**11**
4	**LITERATURVERZEICHNIS**	**13**
5	**ABBILDUNGS- UND TABELLENVERZEICHNIS**	**13**
5.1	Abbildungsverzeichnis	13
5.2	Tabellenverzeichnis	13

1 Marktbeschreibung/ -analyse

1.1 Allgemeine Informationen über den Unternehmenstyp

Die Ursprünge des „Functional Trainings" liegen im Rehabereich. Besonders im Rehabilitationstraining bei Verletzungen des Bewegungsapparates und im Athletiktraining im Leistungssport. Vor diesem Hintergrund sollen Kunden angesprochen werden, die ihre Leistungsbereitschaft im Beruf und Privatleben erhalten und steigern wollen und Interesse an Gruppentraining in Kleingruppen haben. Das Training in Kleingruppen mit bis zu 10 Kunden schafft eine hohe soziale Komponente und fördert die Motivation. Durch Alltagsnahe Übungen und durch den besonderen Augenmerk auf die Rumpfstabilität, ist „Functional Training" sehr gut für den Firmensport geeignet.

Tabelle 1: Produkt-, Preis- und Distributionspolitik

Produktpolitik	Preispolitik	Distributionspolitik
- 300 qm offene Trainingsfläche - Kleingruppentraining mit bis zu 10 Teilnehmern - Personaltraining - Ernährungsberatung -Kursangebot: Yoga, Mobility, Faszientraining, Workoutkurse für alle Fitnesslevels - Firmensport	89 € pro Monat	Direkter Vertrieb: direkter Kundenkontakt um hohe Beratungsqualität zu sichern Indirekter Vertrieb: Kooperationen mit Firmen wie z.B. Flughafen Bremen

1.2 Lage und Standort des Unternehmens

Das Unternehmen befindet sich in der Friedrich-Ebert-Str. 121 im Stadtteil Neustadt in Bremen. Dieser Stadtteil ist ein sehr dynamischer, junger und aufstrebender Stadtteil mit vielen Studenten und Menschen auf dem ersten Arbeitsmarkt. Diese Menschen stellen einen großen Teil der Zielgruppe von „Functional Training" dar. Dazu kommt die Nähe zum Flughafen, die sehr interessant für das Unternehmen ist, da im Vorfeld eine Kooperation zugesichert wurde und viel in Firmenfitness investiert werden möchte. Durch die Kooperation ist es tendenziell möglich relativ viele Mitglieder auf einen Schlag zu generieren (Schlenz & Maisenbacher, 2005, S.107) Besonders Menschen mit einer hohen Alltags- und Jobbelastung und Menschen, die als Flughafenpersonal Höchstleistungen erbringen sollen, möchte dieses Unternehmen abholen und sportlich begleiten. Wie die spätere Abbildung zur Bestimmung des Markgebietes zeigen wird, gibt es mehrere natürliche Grenzen und Hindernisse. Die Weser fließt mitten durch beide Markgebiete und erschwert somit die Anreise zum Standort. Die Fläche des Flughafens wurde ebenfalls ausgerechnet und stellt ein Hindernis dar. Für den Aspekt der Firmenfitness ist die Nähe zum Flughafen sehr wichtig und gewollt.

1.3 Bestimmung der Marktgebiete

Die folgende Abbildung zeigt zwei Marktgebiete für den Standort in Bremen. Angewendet wurde die Zeit-Distanz-Methode. Marktgebiet 1 wurde mit 7 Minuten zum Ziel zur Hauptverkehrszeit bemessen und Markgebiet 2 mit 14 Minuten. Die durchschnittliche Geschwindigkeit wurde auf 30 km/h gestellt und die Abbildung wurde mit openrouteservice erstellt.

Abbildung 1: Marktgebiet 1 & 2 (erstellt mit Openrouteservice.org)

Der dunkelrot markierte Bereich stellt Marktgebiet 1 dar und der hellrote Bereich Marktgebiet 2. Die blaumarkierte 2 ist der Standort meines Unternehmens. Die Mitbewerber wurden mit farbigen Pfeilen eingezeichnet:
1. Blauer Pfeil: CrossFit Nordlicht
2. Gelber Pfeil: Fitness Loft Bremen GmbH

1.4 Makroumfeldanalyse und Abschätzung des Marktpotenzials

Die folgenden Abbildungen stellen die Altersverteilung, Arbeitslosenquote, Migrationsverteilung und Kaufkraft für die Stadt Bremen dar.

Stadtbezirk Stadt / Land / Datum	Bevölkerung	davon im Alter von ... bis unter ... Jahren: 0 - 6		6 - 18		18 - 25		25 - 50		50 - 65		65 und mehr		mittl. Alter
	Anzahl	Anzahl	%	Anzahl	%	Anzahl	%	Anzahl	%	Anzahl	%	Anzahl	%	Jahre
1 Stadtbezirk Mitte														
31.12.1971	18 799	1 115	5,9	1 995	10,6	1 885	10,0	7 306	38,9	3 432	18,3	3 066	16,3	40,1
31.12.1981	15 870	587	3,7	1 483	9,3	1 869	11,8	6 754	42,6	2 353	14,8	2 824	17,8	41,1
31.12.1991	17 729	735	4,1	1 037	5,8	1 913	10,8	8 851	49,9	2 652	15,0	2 541	14,3	40,5
31.12.1996	17 377	589	3,4	1 121	6,5	1 685	9,7	8 809	50,7	2 910	16,7	2 263	13,0	40,8
31.12.2001	15 843	560	3,5	959	6,0	1 588	10,0	7 628	47,8	3 100	19,4	2 108	13,2	41,7
31.12.2006	17 045	526	3,1	868	5,1	2 148	12,6	8 006	47,0	3 108	18,2	2 391	14,0	41,5
2 Stadtbezirk Süd														
31.12.1971	130 770	11 872	9,2	22 065	16,9	11 375	8,7	45 579	34,9	21 609	16,5	18 171	13,9	36,6
31.12.1981	122 217	6 098	5,0	20 050	16,4	13 865	11,3	43 306	35,4	19 037	15,6	19 861	16,3	39,0
31.12.1991	122 428	6 989	5,7	12 669	10,3	12 797	10,5	46 196	37,7	24 298	19,8	19 479	15,9	40,7
31.12.1996	121 238	6 919	5,7	13 208	10,9	9 220	7,6	47 065	38,8	24 869	20,5	19 957	16,5	41,6
31.12.2001	121 130	6 727	5,6	13 599	11,2	9 860	8,1	45 197	37,3	24 281	20,0	21 466	17,7	42,1
31.12.2006	123 408	5 891	4,9	13 514	11,0	11 109	9,0	45 723	37,1	22 304	18,1	24 767	20,1	42,7
3 Stadtbezirk Ost														
31.12.1971	224 665	18 356	8,2	37 442	16,7	17 794	7,9	77 921	34,7	39 052	17,4	34 100	15,2	37,9
31.12.1981	218 225	10 875	5,0	32 797	15,0	23 199	10,6	76 885	35,2	35 587	16,3	38 882	17,8	40,2
31.12.1991	217 993	11 817	5,4	22 377	10,3	20 952	9,6	80 924	37,1	42 718	19,6	39 205	18,0	41,9
31.12.1996	217 033	11 603	5,3	23 268	10,7	16 164	7,4	82 710	38,1	43 711	20,1	39 557	18,2	42,5
31.12.2001	216 305	11 356	5,3	22 766	10,6	16 673	7,7	79 394	36,9	43 616	20,3	41 501	19,3	43,2
31.12.2006	218 895	10 465	4,8	22 838	10,4	18 181	8,3	79 860	36,5	40 950	18,7	46 621	21,3	43,8
4 Stadtbezirk West														
31.12.1971	108 471	7 607	7,0	15 200	14,0	9 670	8,9	35 110	32,4	22 660	20,9	18 224	16,8	40,2
31.12.1981	91 970	4 201	4,6	12 484	13,6	9 859	10,7	30 518	33,2	16 124	17,5	18 784	20,4	41,7
31.12.1991	90 823	5 049	5,6	8 321	9,2	9 263	10,2	34 213	37,7	17 136	18,9	16 849	18,6	42,0
31.12.1996	88 450	4 922	5,6	8 846	10,0	6 895	7,8	34 947	39,5	16 821	19,0	16 019	18,1	42,1
31.12.2001	86 904	4 934	5,7	9 272	10,7	6 876	7,9	33 503	38,6	16 748	19,3	15 571	17,9	42,2
31.12.2006	88 827	4 552	5,1	9 464	10,7	8 218	9,3	33 882	38,1	15 954	18,0	16 757	18,9	42,3
5 Stadtbezirk Nord														
31.12.1971	111 886	9 805	8,8	20 955	18,7	9 383	8,4	39 334	35,2	18 038	16,1	14 371	12,8	35,9
31.12.1981	104 979	5 565	5,3	17 387	16,6	11 924	11,4	35 537	33,9	17 740	16,9	16 826	16,0	39,1
31.12.1991	103 773	6 446	6,2	11 605	11,2	10 227	9,9	36 183	34,9	21 339	20,6	17 973	17,3	41,2
31.12.1996	104 728	6 276	6,0	12 781	12,2	7 583	7,2	37 584	35,9	21 352	20,4	19 152	18,3	41,9
31.12.2001	101 668	5 565	5,5	12 769	12,6	7 328	7,2	34 886	34,3	20 846	20,5	20 274	19,9	43,1
31.12.2006	99 759	4 760	4,8	12 242	12,3	8 292	8,3	32 749	32,8	18 934	19,0	22 782	22,8	44,2
Stadt Bremen														
31.12.1971	594 591	48 855	8,2	97 657	16,4	50 107	8,4	205 249	34,5	104 791	17,6	87 932	14,8	37,7
31.12.1981	553 261	27 326	4,9	84 201	15,2	60 716	11,0	193 000	34,9	90 841	16,4	97 177	17,6	40,0
31.12.1991	552 746	31 036	5,6	56 009	10,1	55 142	10,0	206 367	37,3	106 145	19,6	96 047	17,4	41,5
31.12.1996	548 826	30 309	5,5	59 244	10,8	41 547	7,6	211 115	38,5	109 663	20,0	96 948	17,7	42,0
31.12.2001	540 950	29 141	5,4	59 365	11,0	42 325	7,8	200 608	37,1	108 591	20,1	100 920	18,7	42,7
31.12.2006	547 934	26 294	4,8	58 926	10,8	47 926	8,7	200 220	36,5	101 250	18,5	113 318	20,7	43,3

Abbildung 2: Altersverteilung (Statistisches Landesamt Bremen, 2007)

Stadtbezirk Stadt / Land / Datum	Bevölkerung	Frauen: insgesamt		65 Jahre und älter		ausländische Bevölkerung: insgesamt		davon im Alter von ... bis unter ... Jahren: 0 - 18		18 - 65		65 und mehr		mittl. Alter
	Anzahl	Anzahl	%[1]	Anzahl	%[1]	Anzahl	%[1]	Anzahl	%[2]	Anzahl	%[2]	Anzahl	%[2]	Jahre
1 Stadtbezirk Mitte														
31.12.1971	18 799	9 772	52,0	2 004	65,4	1 734	9,2	229	7,4	1 467	11,6	38	1,2	31,6
31.12.1981	15 870	8 109	51,1	1 955	69,2	2 082	13,1	370	17,9	1 649	15,0	63	2,2	32,0
31.12.1991	17 729	8 580	48,4	1 790	70,4	2 856	16,1	387	21,8	2 387	17,8	82	3,2	32,8
31.12.1996	17 377	8 086	46,5	1 593	70,4	3 633	20,9	465	27,2	3 054	22,8	114	5,0	32,7
31.12.2001	15 843	7 666	48,3	1 380	65,5	2 640	16,6	350	23,0	2 106	17,1	184	8,7	36,2
31.12.2006	17 045	8 258	48,4	1 438	60,2	2 994	17,6	265	19,0	2 511	18,9	218	9,1	36,8
2 Stadtbezirk Süd														
31.12.1971	130 770	69 077	52,8	11 155	61,4	3 540	2,7	1 000	2,9	2 473	3,1	67	0,4	26,2
31.12.1981	122 217	64 866	53,1	12 862	64,8	8 840	7,2	3 165	12,1	5 525	7,2	150	0,8	28,3
31.12.1991	122 428	63 416	51,8	12 847	66,0	13 534	11,1	3 718	18,9	9 499	11,4	317	1,6	29,1
31.12.1996	121 238	62 604	51,6	12 772	64,0	15 150	12,5	3 946	19,5	10 648	13,1	554	2,8	31,0
31.12.2001	121 130	62 438	51,5	13 180	61,4	15 553	12,8	3 681	18,1	11 052	13,9	820	3,6	32,6
31.12.2006	123 408	63 290	51,3	14 547	58,7	16 516	13,4	3 240	16,6	12 038	15,2	1 232	5,0	34,7
3 Stadtbezirk Ost														
31.12.1971	224 665	121 128	53,9	21 623	63,4	6 179	2,8	1 393	2,5	4 579	3,4	207	0,6	28,5
31.12.1981	218 225	118 095	54,1	25 533	65,7	14 264	6,5	4 443	10,2	9 425	6,9	396	1,0	27,9
31.12.1991	217 993	115 467	53,0	28 151	66,7	22 358	10,3	5 778	16,9	15 887	11,0	693	1,8	30,3
31.12.1996	217 033	114 558	52,8	25 730	65,0	26 231	12,1	6 484	18,6	18 699	13,1	1 048	2,6	31,4
31.12.2001	215 305	113 389	52,7	28 105	62,8	25 187	11,7	5 299	15,5	18 460	13,2	1 428	3,4	33,5
31.12.2006	218 895	114 686	52,4	28 031	60,1	25 751	11,8	4 270	12,8	19 504	14,0	1 977	4,2	35,7
4 Stadtbezirk West														
31.12.1971	108 471	56 979	52,5	10 991	60,3	4 408	4,1	1 024	4,5	3 304	4,9	80	0,4	27,3
31.12.1981	91 970	48 822	53,1	11 926	63,5	8 541	9,3	3 000	18,0	5 412	9,6	129	0,7	26,7
31.12.1991	90 823	46 852	51,6	11 175	66,3	10 843	11,9	2 860	21,4	7 761	12,8	222	1,3	30,0
31.12.1996	88 450	45 482	51,4	10 467	65,3	12 779	14,4	3 276	23,8	9 120	15,5	382	2,4	31,0
31.12.2001	86 904	44 565	51,3	9 799	62,9	13 501	15,5	3 142	22,1	9 753	17,1	606	3,9	32,4
31.12.2006	88 827	45 332	51,0	10 019	59,8	15 086	17,0	2 969	21,2	11 095	19,1	1 022	6,1	34,2
5 Stadtbezirk Nord														
31.12.1971	111 886	57 457	51,4	8 674	60,4	5 005	4,5	1 018	3,3	3 932	5,9	55	0,4	27,2
31.12.1981	104 979	55 035	52,4	10 722	63,7	7 988	7,6	3 060	13,3	4 784	7,3	144	0,9	26,0
31.12.1991	103 773	53 816	51,9	11 681	65,0	10 698	10,3	3 383	18,7	7 049	10,4	264	1,5	28,7
31.12.1996	104 728	54 239	51,8	12 153	63,5	11 938	11,4	3 564	18,7	7 924	11,9	450	2,3	30,3
31.12.2001	101 668	52 489	51,6	12 443	61,4	11 086	10,9	2 941	16,0	7 598	12,0	547	2,7	31,9
31.12.2006	99 759	51 307	51,4	13 384	58,7	11 567	11,6	2 601	15,3	8 140	13,6	817	3,6	33,5
Stadt Bremen														
31.12.1971	594 591	314 413	52,9	54 447	61,9	20 866	3,5	4 664	3,2	15 755	4,4	447	0,5	27,8
31.12.1981	553 261	294 927	53,3	62 998	64,8	41 715	7,5	14 036	12,6	26 795	7,8	882	0,9	27,2
31.12.1991	552 746	288 131	52,1	63 644	66,3	60 297	10,9	16 126	18,5	42 583	11,5	1 578	1,6	29,8
31.12.1996	548 826	285 169	52,0	62 715	64,7	69 730	12,7	17 737	19,8	49 445	13,6	2 548	2,6	31,1
31.12.2001	540 950	280 747	51,9	62 907	62,3	67 967	12,6	15 413	17,4	48 969	13,9	3 585	3,6	32,9
31.12.2006	547 934	282 873	51,6	67 420	58,5	71 814	13,1	13 351	15,7	53 297	15,3	5 266	4,6	34,9

Abbildung 3: Bevölkerung sowie Frauen- und Ausländeranteil (Statistisches Landesamt Bremen, 2007)

Stadtbezirk Stadt / Datum	Arbeitslose insgesamt		männlich		weiblich		deutsch		ausländisch		unter 25 Jahren		25 Jahre oder älter	
	Anzahl	%	Anzahl	%	Anzahl	%	Anzahl	%	Anzahl	%	Anzahl	%	Anzahl	%
1 Stadtbezirk Mitte														
30.09.1999	1 348	20,1	881	23,5	467	15,9	1 105	18,6	243	32,7	131	19,7	1 217	20,2
30.09.2002	1 240	18,0	812	21,2	428	14,1	999	16,4	241	31,1	103	14,5	1 137	18,5
30.09.2006	1 352	20,1	880	23,8	472	15,8	1 064	18,1	283	33,9	116	16,8	1 236	20,5
2 Stadtbezirk Süd														
30.09.1999	7 152	16,0	4 246	17,0	2 906	14,6	5 769	14,3	1 383	31,6	775	18,4	6 377	15,9
30.09.2002	6 836	14,6	4 089	15,9	2 747	13,0	5 390	12,9	1 446	29,7	685	12,6	6 151	14,9
30.09.2006	8 187	17,7	4 479	18,1	3 708	17,3	6 284	16,3	1 876	37,4	755	15,4	7 432	18,0
3 Stadtbezirk Ost														
30.09.1999	11 722	15,7	6 717	16,6	5 005	14,6	9 614	14,2	2 108	30,3	1 097	15,2	10 625	15,7
30.09.2002	10 477	13,5	6 056	14,6	4 421	12,2	8 466	12,1	2 011	26,9	1 027	12,8	9 450	13,6
30.09.2006	11 719	15,3	6 252	15,6	5 467	14,9	9 151	13,3	2 543	32,5	1 142	15,8	10 577	15,2
4 Stadtbezirk West														
30.09.1999	5 966	18,0	3 830	20,2	2 136	15,1	4 818	16,5	1 150	29,8	640	17,8	5 328	18,1
30.09.2002	5 728	16,9	3 632	18,8	2 096	14,4	4 514	15,3	1 214	28,1	566	15,2	5 162	17,1
30.09.2006	7 258	21,7	4 103	22,3	3 155	21,0	5 480	19,0	1 778	37,8	699	19,2	6 559	22,0
5 Stadtbezirk Nord														
30.09.1999	6 755	18,9	3 957	19,1	2 798	18,6	5 630	17,2	1 125	37,0	797	19,7	5 958	18,8
30.09.2002	6 347	17,5	3 644	17,5	2 703	17,5	5 329	16,0	1 018	34,0	833	19,2	5 514	17,3
30.09.2006	6 719	19,5	3 476	18,2	3 243	21,2	5 524	17,6	1 177	38,9	773	19,4	5 946	19,5
Stadt Bremen														
30.09.1999	33 023	16,3	19 689	17,4	13 334	14,9	26 996	14,8	6 027	29,6	3 444	15,6	29 579	16,4
30.09.2002	30 708	15,2	18 290	16,4	12 418	13,7	24 767	13,6	5 941	28,9	3 217	14,4	27 491	15,3
30.09.2006	35 388	17,9	19 273	18,1	16 115	17,6	27 609	15,7	7 684	35,8	3 509	17,1	31 879	18,0

Abbildung 4: Arbeitslose nach Geschlecht, Staatsangehörigkeit und Altersstruktur

Die Daten zur Kaufkraft in Bremen 2015 (Acxiom, 2015) zeigen, dass Bremen den letzten Platz der westlichen Bundesländer einnimmt. Die Private Kaufkraft pro Kopf kommt auf 20471 € mit einem Index von 92,4.

Kaufkraftstärkste Großstädte 2015

Stadt	Private Kaufkraft pro Kopf (in €)	Index 2015
München	29.525	133,3
Düsseldorf	25.995	117,3
Frankfurt am Main	24.984	112,8
Stuttgart	24.575	110,9
Hamburg	23.863	107,7
Köln	23.511	106,1
Hannover	23.174	104,6
Nürnberg	22.944	103,6
Essen	21.655	97,8
Bremen	20.942	94,5
Dortmund	20.338	91,8
Berlin	19.679	88,8
Dresden	19.495	88,0
Leipzig	18.221	82,3

Abbildung 5: Kaufkraft (Acxiom, 2015)

Es folgt die Errechnung zum Marktpotential

Tabelle 2: Markgebiete 1 und 2

Markgebiet 1		Markgebiet 2	
Stadtteil mit Faktor in %	Einwohner	Stadtteil mit Faktor in %	Einwohner
Neustadt 100 %	43192	Strom 100 %	456
Obervieland 80 %	35480	Obervieland 20 %	35480
Huchtling 75 %	29398	Huchtling 25 %	29398
Östliche Vorstadt 100%	29744	Schwachhausen 100 %	37627
Woltmershausen 50 %	13752	Woltmershausen 50 %	13752
Mitte 100 %	16808	Horn-Lehe 50 %	954
		Vahr 100 %	27120
		Seehausen 50 %	1130
		Findorff 100 %	26046
		Walle 100 %	27469
Bevölkerung M1	154402	Bevölkerung M2	140581

$Markgebiet\ 1$
$$= (43192 \times 1) + (35480 \times 0{,}8) + (29398 \times 0{,}75) + (29744 \times 1)$$
$$+ (13752 \times 0{,}5) + (16808 \times 1) = 154402$$

$Markgebiet\ 2$
$$= (456 \times 1) + (35480 \times 0{,}2) + (29398 \times 0{,}25) + (13752 \times 0{,}5)$$
$$+ (37627 \times 1) + (954 \times 0{,}5) + (27120 \times 1) + (1130 \times 0{,}5)$$
$$+ (26046 \times 1) + (27469 \times 1 = 140582)$$

Das Markgebiet 2 wird mit einem Faktor von 70 % gewichtet werden. Das Marktpotenzial wird mit einem Faktor von 12 % errechnet:

$$Markgebiet\ 2 = 140582 \times 0{,}7 = 98408$$

$$Marktpotenzial = [M1\ (154402) + M2\ (98408)] \times 0{,}12 = 30338$$

Abschließend gibt es theoretisch 30338 mögliche Kunden. Im Sinne der kaufmännischen Vorsicht und mit Wissen um die natürlichen Grenzen werden davon nur 90 % gewertet. Danach beträgt das Marktpotential noch 27305.

1.5 Wettbewerbsanalyse

CrossFit Nordlicht

Da CrossFit ein Lizenzsystem ist, wird auch CrossFit Nordlicht von dem internen Marketing profitieren. Der größte Vorteil für den Mitbewerber ist der Kult um CrossFit und alle Vorteile einer Marke, die fast auf der ganzen Welt bekannt ist. Das bedeutet viele potentielle Kunden werden nicht nach „Functional Training" suchen, sondern direkt nach CrossFit. Desweiteren wird Gewichtheben und „ROMWOD" angeboten, was ähnlich wie Yoga Flow, ein Beweglichkeitsprogramm ist. Dazu wird auch noch spezielles Training für Kinder und Jugendliche angeboten. Nachteilig sind die begrenzten Öffnungszeiten in Kombination mit dem recht hohen Mitgliedsbeitrag von 99 Euro für eine Flatrate Mitgliedschaft. Zwischen 9 und 15 Uhr findet kein Training statt.

Von beiden Mitbewerbern ist CrossFit Nordlicht für das Unternehmen der stärkere Mitbewerber, da es die meisten Überschneidungen gibt und CrossFit Nordlicht ein ähnliches Publikum anspricht. Fragwürdig ist natürlich inwiefern CrossFit Nordlicht im Bereich Firmenfitness aufgestellt ist.

Fitness Loft Bremen GmbH

Das Fitness Loft bietet Funktionelles Training, Cardiotraining, Power Plate, Freies Training mit Gewichten, Wellness-System, Athletik und EMS-Training an. Dies wird alles nur sehr knapp auf der Website beworben und bleibt sehr oberflächlich. Desweiteren werden diverse Kurse angeboten, allerdings fällt auf, dass weder ein Schwierigkeitsgrad für den Kurs angezeigt wird, noch gibt es Wechselzeiten zwischen zwei Kursen. Ein Vorteil an diesem Angebot ist, dass möglicherweise viele Menschen angesprochen werden, wie zum Beispiel Menschen, die sich für EMS-Training interessieren, dennoch besteht hier die Gefahr, dass diese zum Spezialisten gehen. Also einem reinen EMS-Studio. Das gleiche gilt für Power Plate oder Yoga. Der Nachteil hierbei ist der Verlust der Zielgruppe.

Im Gegensatz zu meinem Unternehmen hat das Fitness Loft keine konkrete Zielgruppe. Ähnlich wie bei dem anderen Mitbewerber scheint es keine Firmenfitness im Angebot zu geben.

2 Marketingplanung

2.1 Budgetplanung

Die Budetplanung erfolgt nach der Berechnungsmethode Marketingkosten pro Neukunden:

$$\text{Geplante Mitglieder nach dem ersten Geschäftsjahr} \times \text{erfahrungsgemäße Kosten pro Neukunde}$$

Die Rechnung ergibt dann:

$$100 \times 60€ = 6000€$$

Das Jahresmarketing beträgt 6000 Euro für das erste Geschäftsjahr.

2.2 Kommunikationspolitik

Um schon vor dem eigentlichen Marktstart viele Mitglieder zu gewinnen und um Aufmerksamkeit zu schaffen, findet eine Kampagne 2 Monate vor Eröffnung statt. Diese beinhaltet neben der Werbung als Kommunikationsinstrument Eventmarketing und Direktmarketing.

Tabelle 3: Übersicht Kampagne

Ziel der Kampagne	Bekanntmachung des Konzepts „Functional Team Training", Gewinnung neuer Mitglieder, Aufmerksamkeit gewinnen
Inhalt der Kampagne	Kern der Kampagne ist ein Wochenende (Samstag, Sonntag) bei dem es um „Functional Team Training" geht. Eine Woche danach ist Eröffnung. Das Konzept verbindet die Vorteile von funktionellem Training und Kleingruppentraining. An diesem Wochenende finden Trainings, Vorträge (Themen: Kraft, Beweglichkeit, Koordination, Herausforderungen des Alltags auf unserer Bewegungsapparat, Ernährung) und Yoga statt. Da dies noch vor der Eröffnung stattfindet, wird ebenfalls ein Ausblick über das noch zu entstehende Studio gegeben. Beworben wird dieses Wochenende über drei Kanäle: VIP Einladungen mit einem begrenzten Kontingent an die Partner des Flughafens, die diese dann selbstständig an Mitarbeiter ausgeben, Einladungen, die ein Promoteam (Marktplatz Bremen Roland) via Glücksrad verlos und Werbung. Ziel ist, dass die Kunden anrufen und sich auf die Gästeliste setzen lassen um somit aktive Kontakte zu generieren (Schlenz & Maisenbacher, 2007, S.83). Alle Teilnehmer des Wochenendes wird das Startpaket (6 Einheiten Technikkurs) geschenkt und sie dürfen jeden Freitag nach Eröffnung einen Freund zum Training mitbringen. Dieser „bring-a-friend-friday" soll im Rahmen des Empfehlungsmarketings einen Vertrauensbonus generieren (Schlenz & Maisenbacher, 2005, S. 20)
Zeitlicher Ablauf	**2 Monate vor Eröffnung:** Erstellung der VIP Gutscheine, Einladungen für das Promoteam, Erstellung der Team Bekleidung, Promoteam anstellen für 4 Tage (jeweils zwei Samstage/Sonntage vor dem Event) **1 Monat vor der Eröffnung:** Erstellen und veröffentlichen des Werbematerials (Werbung bezieht sich auf den Standort/Zeit/Ort des Promoteams, damit Kunden aktiv zum Promoteam gehen und sich den Gutschein dort abholen), Persönliches Überbringen der VIP Gutscheine an den Ansprechpartner Flughafen, Planung des Events inkl. Einteilung der Vorträge und Trainings, Personal auf das Event sensibilisieren inkl. Schulung zum Ablauf

		1 Woche vor dem Eventwochenende: Gutscheine, die das Promoteam verteilt hat sind an erhobene Kundendaten gebunden, um sie per Telefon zu erinnern, dass in einer Woche das Event ansteht und um sie auf die Gästeliste zu setzen inkl. Begrüßungsgeschenk (s.o. „bring-a-friend-friday")
Überprüfung		Vertragsabschlüsse an dem Eventwochenende kommen entweder über die VIP-Gutscheine Flughafen oder Einladungen, die das Promoteam verlost zustande. Beides wird auf den Verträgen vermerkt.
Begründung Kommunikationsinstrumente		Eventmarketing: Erlebnisorientiert und hohe Interaktion Bei dem Eventwochende geht es vor allem darum, „Functional Training" in Vordergrund zu stellen und zu erleben. Ganz besonders durch die Gruppendynamik sollen die potentiellen Kunden inspiriert und motiviert werden. Es soll auch eine Abgrenzung zu den Studios stattfinden, die neben vielen anderen Leistungen auch „Functional Training" anbieten. Direktmarketing: Ansprache einer exakt vorher definierten Zielgruppe, individuelle Ansprache und persönliche Ansprache Da „Functional Training" im Rahmen eines Makrostudios sich im Nischenbereich befindet, muss die Genauigkeit des Marketing hoch sein. Daher werden Promoteams eingesetzt, die vorher geschult werden, wer angesprochen werden sollte und wer nicht. Um dies professionell zu realisieren wird ein Promoteam angeheuert, statt das es die eigenen Mitarbeiter übernehmen

2.3 Werbeplanung

Für die Werbeplanung wurden drei Werbemittel samt Werbeträger ausgewählt. Das Werbebudget beträgt 80 % des Jahresmarketing, also 1200 €.

Tabelle 4: Werbemittel Prospekt

Werbemittel	Prospekt für die Flughafenmitarbeiter
Werbeträger	interne Ausgabe durch den Mitarbeiter der für die Kooperation zuständig ist
Kosten	300 Euro für die Erstellung und Druck des Prospekt über eine Marketingagentur, 2 Stunden x 10 Euro Mitarbeiter für die Auslieferung **= 320 Euro**
Begründung	Das Prospekt enthält alle relevanten Informationen zum Unternehmen, den speziellen Vergünstigungen innerhalb der Kooperation und Hinweis auf die VIP-Gutscheine, die sich bei dem entsprechenden Mitarbeiter abholen können.

Tabelle 5: Werbemittel Gutschein

Werbemittel	Gutscheine/Einladungen
Werbeträger	Promo-Team
Kosten	4 Tage x 8 Stunden x 10 Euro pro Stunde x 2 Mitarbeiter= 640 Euro Erstellung Gutscheine über Marketing Agentur s.o. 100 Euro **= 740 Euro**
Begründung	Die Gutscheine/Einladungen werden vom Promo-Team per Glücksrad verlost oder auch an interessierte/potentielle Kunden ausgegeben. Für den Gutschein muss der Kunde Daten wie Name, Telefon etc. hinterlassen, damit er dann auf der Gästeliste steht und er zurückgerufen werden kann (siehe Erinnerung). Dies sichert zum einen ab, dass wirklich interessierte Menschen kommen und zum anderen werden Daten gewonnen. Im Weiteren können natürlich alle Fragen von Interessenten geklärt werden, da es viele Formen von „Functional Training" gibt und sicher Aufklärungsbedarf besteht.

Tabelle 6: Werbemittel Plakat

Werbemittel	Plakat
Werbeträger	Schwarzes Brett Uni Bremen
Kosten	2 Mitarbeiter x 2 Stunden x 10 Euro für die Erstellung des Plakats (Vorlage ist das schon erstellte Material der Agentur) = 40 Euro, Anbringen der Plakate 2 Mitarbeiter x 4 Stunden x 10 = 80 Euro = 120 Euro
Begründung	In der Uni Bremen gibt es unzählige Plätze an denen Werbematerial ausgelegt, angebracht und aufgehängt werden kann. Dies ist kostenfrei und bei dem geringen Budget von 1200 Euro, eine gute Alternative. Mit der Werbung soll das jüngere Spektrum der Zielgruppe erreicht werden. Neben Studenten sehen die Werbung auch sämtliche Mitarbeiter der Universität.

2.4 Kostenkalkulation/ Budgetvergleich bei der Werbeplanung

Die folgende Tabelle zeigt aufgeschlüsselt und detailliert sämtliche Kosten, die für die drei Werbemittel entstehen.

Tabelle 7: Kostenkalkulation

Werbemaßnahme	Kosten
Erstellung und Druck Prospekt VIP Flughafen über eine Marketingagentur	300 Euro
Auslieferung	2 Stunden x 10 Euro x 1 Mitarbeiter= 20 Euro
Promo-Team	4 Tage x 8 Stunden x 10 Euro pro Stunde x 2 Promo-Mitarbeiter = 640 Euro
Bekleidung Team, portables Glücksrad Miete	100 Euro
Erstellung Gutscheine Marketing Agentur	100 Euro
Erstellung des Plakats und Anbringung der Plakate	2 Mitarbeiter x 2 Stunden x 10 Euro= 40 Euro
Gesamtkosten für die Werbung	**1200 Euro**

Im Hinblick auf die Tatsache, dass für alle drei Werbemaßnahmen nur 1200 Euro zur Verfügung stehen, ist die Budgetgewichtung nicht gleichmäßig, sondern liegt das Hauptaugenmerk auf dem Promo-Team und der Werbung für die Firmenfitness für den Flughafen. Dafür ist es nötig dass eine Aktion mit sehr wenig Geld zu planen ist und für 140 Euro hat die Aktion für die Universität Bremen noch halbwegs Durchschlagskraft. Aus diesem Grund wurde auch keine teure Anzeige in einer Tageszeitung, Radio oder sogar TV geschaltet. Denn bei vier Stunden Promotion kosten ca. 250 Kontakte 1,20 Euro brutto pro Kontakt. Bei einer Anzeige kostet ein aktiver Kontakt ca. 25 bis 100

Euro (Schlenz & Maisenbacher, 2005, S. 84) Theoretisch wäre es möglich nach zwei Einsätzen des Promo-Teams eine Auswertung zu machen und dann nochmal zu gucken, ob die anderen beide Einsätze nicht gestrichen werden könnten. Dies hängt von sehr vielen verschiedenen Faktoren ab, wie zum Bespiel Wetter und Erfolg des Teams an jedem einzelnen Tag. Wenn man den Einsatz auf zwei Tage beschränken würde, könnten 320 Euro gespart werden und dafür evtl. nochmal Flyer zum Einwerfen oder ähnliches gestaltet werden. Die Maßnahmen mit den VIP-Gutscheinen ist sehr wichtig für das Unternehmen, da Firmenfitness auf Grund einiger natürlichen Grenzen im Marktgebiet ein wichtiger Faktor für den Erfolg des Unternehmens ist.

2.5 Synergieeffekte im Rahmen der Kommunikationspolitik

Grundsätzlich gibt es einige Vorteile einer teilweise gemeinsamen Kommunikationspolitik. Bei gemeinsamen Werbemaßnahmen könnte durch das Zusammenlegen des Budgets einiges an Kapital investiert werden, darüber hinaus kann dadurch auch Geld eingespart werden. Denkbar wäre gemeinsames Werbematerial, Werbespots oder auch ein gemeinsames Event. Durch einheitliches Material und auch Design könnte eine Marke geschaffen werden und durch diese Bündelung eine erhöhte Aufmerksamkeit auf dem Markt geschaffen werden können. Es gäbe dann ähnlich wie bei Kette wie z.B. LIDL einen höheren Wiedererkennungswert und denkbar wäre es auch, dass Kunden statt kündigen zu einem anderen Partner innerhalb der Gruppe wandern. Dafür ist wichtig dass jedes Unternehmen eine andere Positionierung hat und es so wenig wie möglich Überschneidungen bei den Zielgruppen gibt.

3 Abschlussstatement

Es gibt einige positive Faktoren in Bremen, die die Erfolgswahrscheinlichkeit für die Unternehmensgruppe steigern. In Bremen gibt es Hochschulen und Universitäten, dass heißt es gibt eine gute Bildungslandschaft. Mit dieser geht auch ein guter Bildungsstand mit einher, der tendenziell für ein größeres Interesse an Gesundheit und Sport spricht. Es gibt in Bremen Große Unternehmen, besonders im IT-Bereich oder auch Mercedes, Becks, Airbus und auch der Flughafen zähen dazu. Gute Bedingungen für eine erfolgreiche Kooperation im Bereich Firmenfitness liegen also vor. Auch die Infrastruktur ist günstig, da Bremen ein Stadtstaat ist und somit kurze Wege gibt. Durch die sympathische Größe Bremens als mittelgroße Stadt, ist der Stadtverkehr noch zu bewältigen und es gibt überall in der Stadt eine gute Anbindung: „Insbesondere der Öffentliche Personennahverkehr wird seitens der Befragten sehr gelobt. Über 50 Prozent nutzen Bus und Bahn. Vergleichsweise hoch ist auch der Anteil derjenigen, die mit dem Fahrrad in die Stadt fahren (14,8 Prozent) oder zu Fuß gehen (13,8 Prozent)" (Senatspressestelle Bremen, 2015). Dies spiegelt sich auch in großen Markgebieten wider.

Allerdings fällt auf, dass die Kaufkraft in Bremen im Vergleich zu anderen Großstädten sehr gering ist. Die Private Kaufkraft pro Kopf kommt auf 20471 € mit einem Index von 92,4. Damit reicht es in der Abbildung von Acxiom nur für das untere Drittel. Für Touristen und Menschen aus dem Umland scheint Bremen auch weniger interessant zu sein, was das Marktgebiet auf Bremen beschränkten könnte: „Allerdings kommt nur ein Drittel (34,8 Prozent) der befragten Besucher von außerhalb Bremens, im Durchschnitt der Vergleichsstädte sind es 45,8 Prozent. Nur 20 Prozent der Innenstadtbesucher nutzen den PKW, im Vergleich zu 27,7 Prozent in anderen Großstädten" (Senatspressestelle Bremen, 2015). Ein weiterer Fakt, der es Menschen von Außerhalb schwer macht ist, dass „mit der Note 3,2 wurden die Parkmöglichkeiten in Bremen unter allen Attraktivitätskriterien am schlechtesten bewertet" (Senatspressestelle Bremen, 2015).

Die größten Erfolgschancen liegen allerdings beim Premiumsegment und beim Discounter. Für das Premiumsegment sprechen die sehr gute Lage direkt am Bürgerpark, die weniger starke Konkurrenz, die hohe Kaufkraft in Schwachhausen in Kombination mit der guten Bildungslandschaft Bremen und der gute Anbindung mit Bus, Bahn und PKW.

4 Literaturverzeichnis

Acxiom Deutschland GmbH. (Hrsg.) (2015) *Acxiom Kaufkraft 2015- Faktencheck.* Zugriff am 01.11.2017. Verfügbar unter http://www.acxiom.de/kaufkraft-2015/

Schlenz, P. & Maisenbacher, I. (2005). *Praxishandbuch: Marketing für Fitness- und Freizeitanlagen.* Karlsruhe: Health and Beauty.

Statistisches Landesamt Bremen. (Hrsg.) (2007) *Stadtteile der Stadt Bremen 2007.* Zugriff am 01.11.2017. Verfügbar unter http://www.statistik.bremen.de/sixcms/media.php/13/99%20Stadtbezirke_HBstadtteile.pdf

Senatspressestelle Bremen (2015) *Untersuchung „Vitale Innenstädte": Handelskammer und Senat sehen Bremer Innenstadt auf gutem Weg.* Zugriff am 01.11.2017. Verfügbar unter http://www.senatspressestelle.bremen.de/detail.php?gsid=bremen146.c.126078.de&asl=bremen02.c.732.de

5 Abbildungs- und Tabellenverzeichnis

5.1 Abbildungsverzeichnis

Abbildung 1: Martgebiet 1 & 2 (erstellt mit Openrouteservice.org) 3
Abbildung 2: Altersverteilung (Statistisches Landesamt Bremen, 2007) 4
Abbildung 3: Bevölkerung sowie Frauen- und Ausländeranteil (Statistisches Landesamt Bremen, 2007) .. 4
Abbildung 4: Arbeitslose nach Geschlecht, Staatsangehörigkeit und Altersstruktur 5
Abbildung 5: Kaufkraft (Acxiom, 2015) 5

5.2 Tabellenverzeichnis

Tabelle 1: Produkt-, Preis- und Distributionspolitik 2
Tabelle 2: Markgebiete 1 und 2 6
Tabelle 3: Übersicht Kampagne 8
Tabelle 4: Werbemittel Prospekt 9
Tabelle 5: Werbemittel Gutschein 9
Tabelle 6: Werbemittel Plakat 10
Tabelle 7: Kostenkalkulation 10

BEI GRIN MACHT SICH IHR WISSEN BEZAHLT

- Wir veröffentlichen Ihre Hausarbeit, Bachelor- und Masterarbeit

- Ihr eigenes eBook und Buch - weltweit in allen wichtigen Shops

- Verdienen Sie an jedem Verkauf

Jetzt bei www.GRIN.com hochladen und kostenlos publizieren